*Libros ilustrados para **pequeños** lectores y **grandes** curiosos*

Perrault, Charles
Cuentos del globo 4 : Cenicienta / Charles Perrault ; adaptado por
Antonio Rodriguez Almodóvar. - 1a ed. - Ciudad Autónoma de Buenos Aires :
Pequeño Editor, 2015.
54 p. : il. ; 22x27 cm. - (Cuentos del globo; 4)

ISBN 978-987-1374-63-2

1. Cuentos Clásicos Infantiles. I. Kaufman, Ruth , adapt. II. Almodóvar,
Alberto, adapt. III. Título
CDD 863.928 2

© De Cuentos del globo 4,
Pequeño Editor, 2015.

© De las ilustraciones,
Claudia Legnazzi ("La Cenicienta"), 2015
Didi Grau ("Pies de Loto"), 2015
José Sanabria ("La sandalia y el halcón), 2015
Fito Holloway ("Bicho Canasto"), 2015

© De la adaptación de "Pies de Loto"
y "La sandalia y el halcón",
Antonio Rodríguez Almodóvar, 2015

© De la adaptación de "Bicho Canasto",
Katia Canton, 2015

© De la traducción de "Cendrillon"
("La Cenicienta"),
Adriana Ramponi, 2015

© De la traducción de "Bicho de Palha"
("Bicho Canasto"), Leopoldo Brizuela, 2015

Selección de textos
Antonio Rodríguez Almodóvar

Dirección editorial
Raquel Franco

Edición
Raquel Franco
Ruth Kaufman

Diseño de colección
Diego Bianki

Diseño
Mariano Grassi

Diagramación
Paula Alvarez

Corrección
Gustavo Wolovelsky

Imprimió
Latingráfica
Rocamora 4161, CABA

Tirada: 3000 ejemplares
1a edición, marzo de 2015
ISBN 978-987-1374-63-2

Queda hecho el depósito
que marca la ley 11.723

pequeño editor
Charlone 978, CABA, Argentina
www.pequenoeditor.com

Colección

Cuentos del globo

4

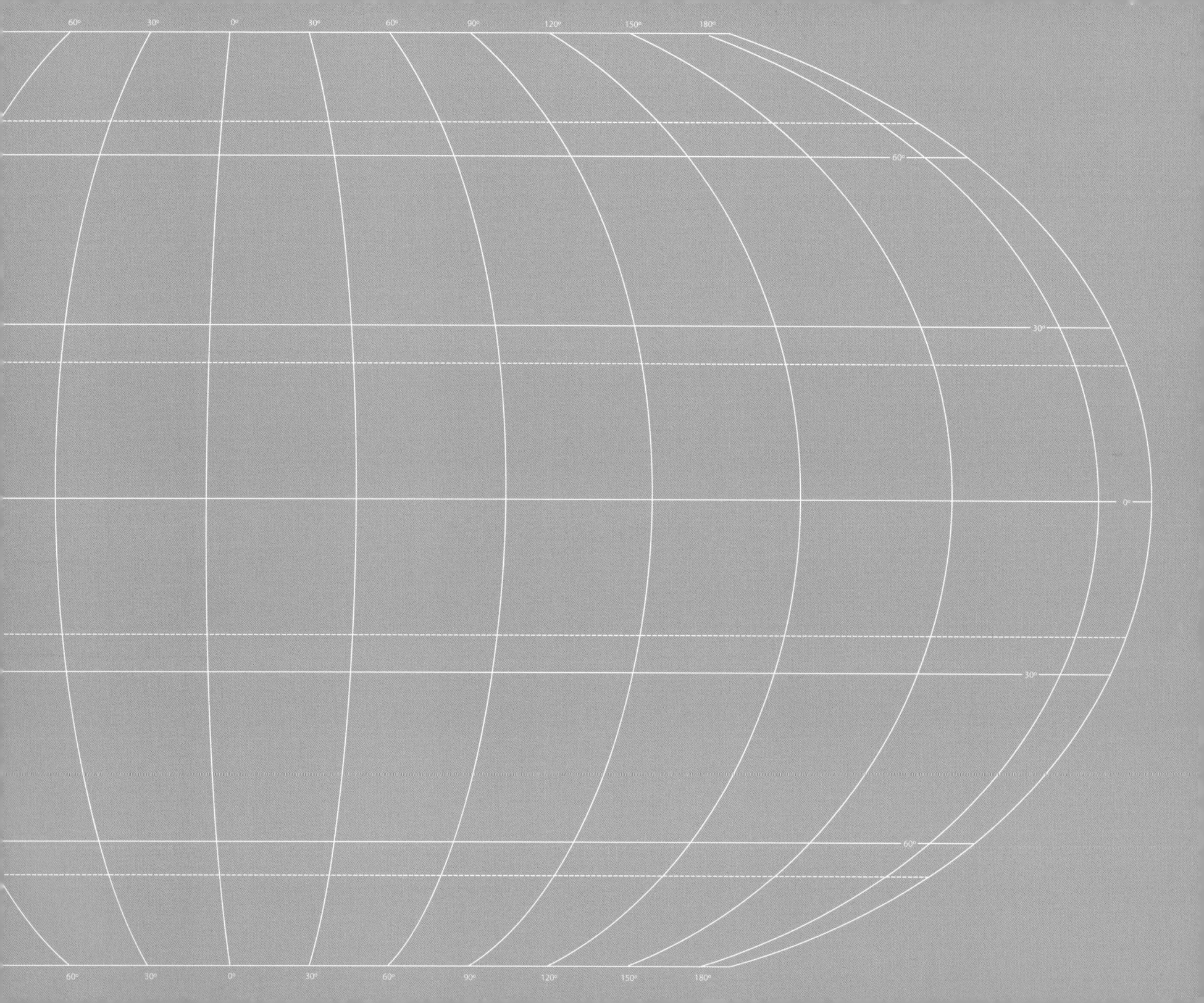

Cuentos del globo 4

Cenicientas del mundo

EUROPA - ASIA - ÁFRICA - AMÉRICA

Versiones de: Perrault, Duan Chengsi, Safo y Câmara Cascudo

Selección de textos: Antonio Rodríguez Almodóvar

Ilustraciones:

Claudia Legnazzi

Didi Grau

José Sanabria

Fito Holloway

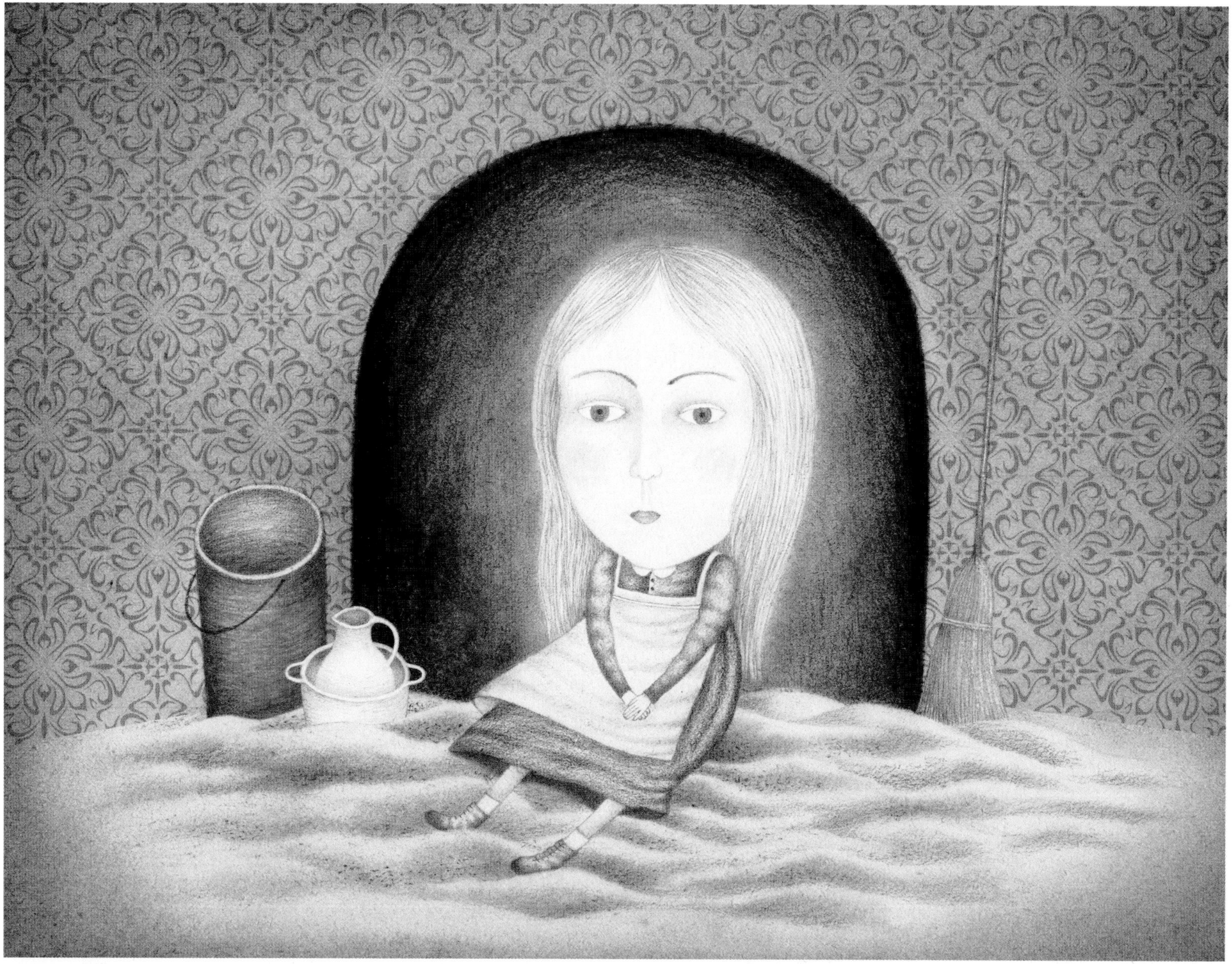

La Cenicienta

Francia
Charles Perrault

Había una vez un gentilhombre que se casó en segundas nupcias con una mujer, la más altanera y orgullosa que jamás se haya visto. Tenía dos hijas por el estilo y que se le parecían en todo.

El marido, por su lado, tenía una hija, pero de una dulzura y bondad sin par; las había heredado de su madre, que era la mejor persona del mundo.

Apenas realizada la boda, la madrastra dio libre curso a su mal carácter; no pudo soportar las cualidades de la joven, que hacían aparecer todavía más odiables a sus hijas. La obligó a las más viles tareas de la casa: ella era la que fregaba los pisos y la vajilla, la que limpiaba los cuartos de la señora y de las señoritas, sus hijas; dormía en lo más alto de la casa, en una buhardilla, sobre una mísera pallasa, mientras sus hermanas ocupaban habitaciones con parqué, donde tenían camas a la última moda y espejos en que podían mirarse de cuerpo entero.

La pobre muchacha aguantaba todo con paciencia, y no se atrevía a quejarse ante su padre por miedo a que la reprendiera, pues su mujer lo dominaba por completo. Cuando terminaba sus quehaceres, se instalaba en el rincón de la chimenea y se sentaba sobre las cenizas, lo que le había merecido el apodo de Culocenizón. La menor, que no era tan mala como la mayor, la llamaba Cenicienta; sin embargo, Cenicienta, con sus míseras ropas, no dejaba de ser cien veces más hermosa que sus hermanas, que andaban tan ricamente vestidas.

Sucedió que el hijo del rey dio un baile al que invitó a todas las personas distinguidas; nuestras dos señoritas también fueron invitadas, pues tenían mucho nombre en la comarca. Helas aquí muy satisfechas y preocupadas de elegir los trajes y peinados que mejor les sentaran; nuevo trabajo para Cenicienta, pues era ella quien planchaba la ropa de sus hermanas y plisaba los adornos de sus vestidos. No se hablaba más que de la forma en que irían trajeadas.

—Yo —dijo la mayor— me pondré mi vestido de terciopelo rojo y mis adornos de Inglaterra.

—Yo —dijo la menor— iré con mi falda sencilla; pero en cambio, me pondré mi abrigo con flores de oro y mi prendedor de brillantes, que no pasarán desapercibidos.

Manos expertas se encargaron de armar los peinados de dos pisos y se compraron lunares postizos. Llamaron a Cenicienta para pedirle su opinión, pues tenía buen gusto. Cenicienta las aconsejó lo mejor posible, y se ofreció incluso para arreglarles el peinado, lo que aceptaron. Mientras las peinaba, ellas le decían:

—Cenicienta, ¿te gustaría ir al baile?

—Ay, señoritas, os estáis burlando, eso no es cosa para mí.

—Tienes razón, se reirían bastante si vieran a un Culocenizón entrar al baile.

Otra en lugar de Cenicienta les habría arreglado mal los cabellos, pero ella era buena y las peinó con toda perfección.

Tan contentas estaban que pasaron cerca de dos días sin comer. Más de doce cordones rompieron a fuerza de apretarlos para que el talle se les viera más fino, y se lo pasaban delante del espejo.

Finalmente, llegó el día feliz; partieron y Cenicienta las siguió con los ojos y cuando las perdió de vista se puso a llorar. Su madrina, que la vio anegada en lágrimas, le preguntó qué le pasaba.

—Me gustaría… me gustaría…

Lloraba tanto que no pudo terminar. Su madrina, que era un hada, le dijo:

—Te gustaría ir al baile, ¿no es cierto?

—¡Ay, sí! —dijo Cenicienta suspirando.
—¡Bueno, te portarás bien! —dijo su madrina—. Yo te haré ir.

La llevó a su cuarto y le dijo:

—Ve al jardín y tráeme un zapallo.

Cenicienta fue en el acto a coger el mejor que encontró y lo llevó a su madrina, sin poder adivinar cómo este zapallo podría hacerla ir al baile. Su madrina lo vació y dejó solamente la cáscara, lo tocó con su varita mágica e instantáneamente el zapallo se convirtió en un bello carruaje todo dorado.

A continuación miró dentro de la ratonera, donde encontró seis ratas vivas. Le dijo a Cenicienta que levantara un poco la puerta de la trampa, y a cada rata que salía le daba un golpe con la varita, y la rata quedaba transformada en un brioso caballo; lo que hizo un tiro de seis caballos de un hermoso color gris ratón. Como no encontraba con qué hacer un cochero:

—Voy a ver —dijo Cenicienta— si hay algún ratón en la trampa, para hacer un cochero.

—Tienes razón —dijo su madrina—, anda a ver.

Cenicienta le llevó la trampa, en la que había tres ratones gordos. El hada eligió uno por su imponente barba, y luego de tocarlo quedó convertido en un cochero gordo con un precioso bigote. En seguida, ella le dijo:

—Baja al jardín, encontrarás seis lagartos detrás de la regadera; tráemelos.

Tan pronto los trajo, la madrina los trocó en seis lacayos que se subieron a la parte posterior del carruaje, con sus trajes galoneados, sujetándose a él como si en su vida hubieran hecho otra cosa. El hada dijo entonces a Cenicienta:

—Bueno, aquí tienes para ir al baile, ¿no estás bien aperada?

—Es cierto, pero, ¿podré ir así, con estos vestidos tan feos?

Su madrina no hizo más que tocarla con su varita, y al momento sus ropas se cambiaron en magníficos vestidos de paño de oro y plata, recamados con pedrerías; luego le dio un par de zapatillas de cristal, las más preciosas del mundo.

Una vez ataviada de este modo, Cenicienta subió al carruaje; pero su madrina le recomendó sobre todo que regresara antes de la medianoche, advirtiéndole que si se quedaba en el baile un minuto más, su carroza volvería a convertirse en zapallo, sus caballos en ratas, sus lacayos en lagartos, y que sus viejos vestidos recuperarían su forma primitiva. Ella prometió a su madrina que saldría del baile antes de la medianoche. Partió, loca de felicidad.

El hijo del rey, a quien le habían avisado que acababa de llegar una gran princesa que nadie conocía, corrió a recibirla; le dio la mano al bajar del carruaje y la llevó al salón donde estaban los comensales.

Entonces se hizo un gran silencio: el baile cesó y los violines dejaron de tocar, tan absortos estaban todos contemplando la gran belleza de esta desconocida. Solo se oía un confuso rumor:

—¡Ah, qué hermosa es!

El mismo rey, a pesar de que era viejo, no dejaba de mirarla y de decir por lo bajo a la reina que desde hacía mucho tiempo no veía una persona tan bella y graciosa. Todas las damas observaban con atención su peinado y sus vestidos, para tener al día siguiente otros semejantes, siempre que existieran telas igualmente bellas y manos tan diestras para confeccionarlos. El hijo del rey la colocó en el sitio de honor y de inmediato la condujo al salón para bailar con ella. Bailó con tanta gracia que fue un motivo más de admiración.

Trajeron exquisitos manjares que el Príncipe no probó, ocupado como estaba en observarla. Ella fue a sentarse al lado de sus

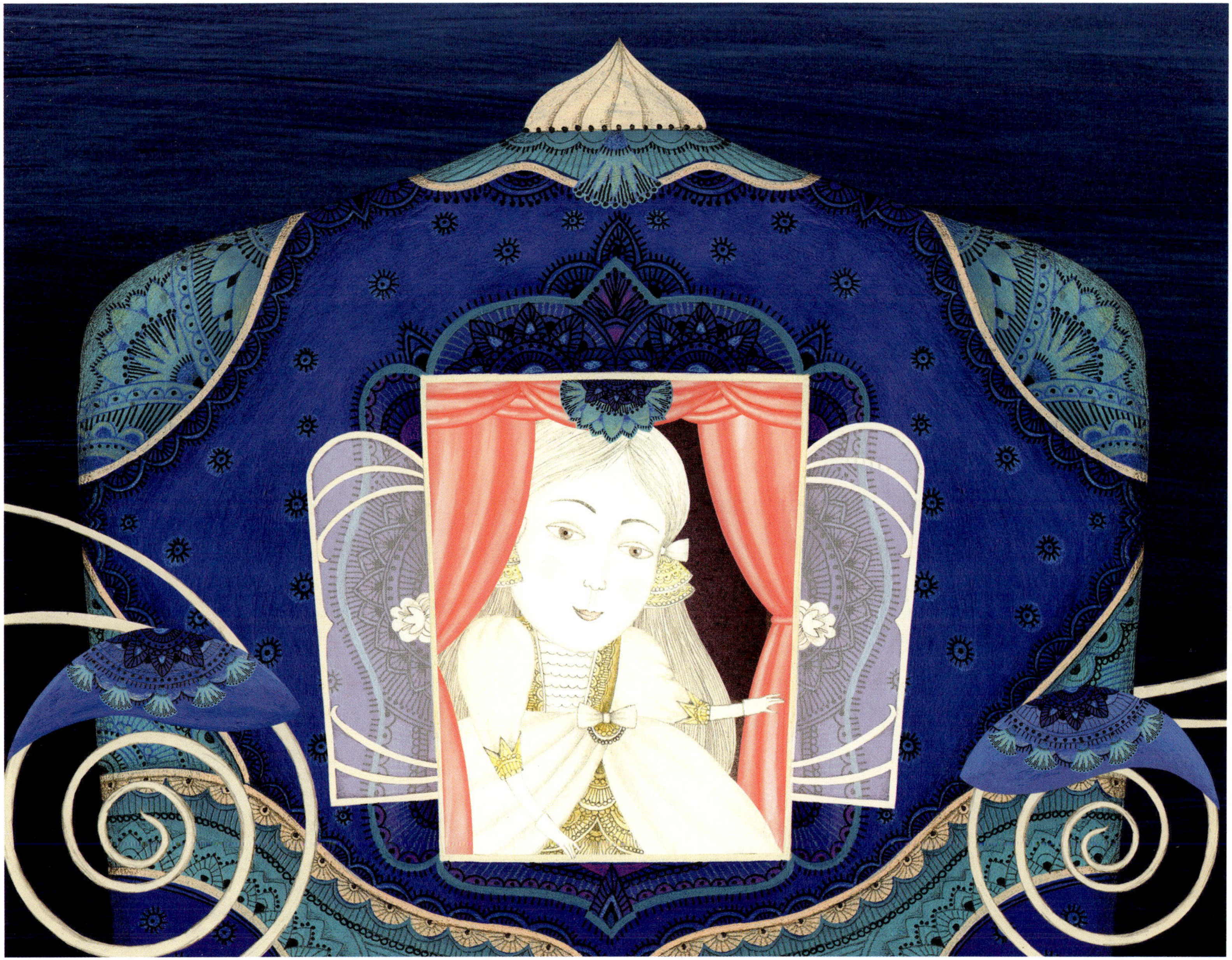

hermanas y les hizo mil atenciones; compartió con ellas los limones y naranjas que el Príncipe le había obsequiado, lo que las sorprendió mucho, pues no la conocían. Charlando así estaban, cuando Cenicienta oyó dar las once y tres cuartos; hizo al momento una gran reverencia a los asistentes y se fue a toda prisa.

Apenas hubo llegado, fue a buscar a su madrina y después de darle las gracias, le dijo que desearía mucho ir al baile al día siguiente porque el Príncipe se lo había pedido. Cuando le estaba contando a su madrina todo lo que había sucedido en el baile, las dos hermanas golpearon a su puerta. Cenicienta fue a abrir.

—¡Cómo habéis tardado en volver! —les dijo bostezando, frotándose los ojos y estirándose como si acabara de despertar; sin embargo, no había tenido tiempo de dormir desde que se separaron.

—Si hubieras ido al baile —le dijo una de las hermanas—, no te habrías aburrido; asistió la más bella princesa, la más bella que jamás se ha visto; nos hizo mil atenciones, nos dio naranjas y limones.

Cenicienta estaba radiante de alegría. Les preguntó el nombre de esta princesa; pero contestaron que nadie la conocía, que el hijo del rey no se conformaba y que daría todo en el mundo por saber quién era. Cenicienta sonrió y les dijo:

—¿Era entonces muy hermosa? Dios mío, felices vosotras, ¿no podría verla yo? Ay, señorita Javotte, prestadme el vestido amarillo que usáis todos los días.

—Verdaderamente —dijo la señorita Javotte—, ¡no faltaba más! Prestarle mi vestido a tan feo Culocenizón... tendría que estar loca.

Cenicienta esperaba esta negativa, y se alegró, pues se habría sentido bastante confundida si su hermana hubiese querido prestarle el vestido.

Al día siguiente, las dos hermanas fueron al baile, y Cenicienta también, pero aún más ricamente ataviada que la primera vez. El hijo del rey estuvo constantemente a su lado y diciéndole cosas agradables. Nada aburrida estaba la joven damisela y olvidó la recomendación de su madrina; de modo que oyó tocar la primera campanada de medianoche cuando creía que no eran ni las once. Se levantó y salió corriendo, ligera como una gacela. El Príncipe la siguió, pero no pudo alcanzarla; solo recogió con todo cuidado una de sus zapatillas de cristal, que ella había dejado caer.

Cenicienta llegó a casa sofocada, sin carroza, sin lacayos, con sus viejos vestidos, pues no le había quedado de toda su magnificencia sino una de sus zapatillas, idéntica a la que se le había caído.

Preguntaron a los porteros del palacio si habían visto salir a una princesa. Dijeron que no habían visto salir a nadie, salvo una muchacha muy mal vestida que tenía más aspecto de aldeana que de señorita.

Cuando sus dos hermanas regresaron del baile, Cenicienta les preguntó si esta vez también se habían divertido y si había ido la hermosa dama. Dijeron que sí, pero que había salido escapada al dar las doce, y tan rápidamente que había dejado caer una de sus zapatillas de cristal, la más bonita del mundo; que el hijo del rey la había recogido dedicándose a contemplarla durante todo el resto del baile, y que sin duda estaba muy enamorado de la bella personita dueña de la zapatilla. Y era verdad, pues a los pocos días el hijo del rey hizo proclamar al son de trompetas que se casaría con la persona cuyo pie se ajustara a la zapatilla. Empezaron probándola a las princesas, a las duquesas y a toda la corte, pero inútilmente. La llevaron a lo de las dos hermanas, las que hicieron todo lo posible para que su pie cupiera en la zapatilla, pero no

13

Francia

14

Francia

15

Francia

Claudia Legnazzi

pudieron. Cenicienta, que las estaba mirando y había reconocido su zapatilla, dijo riendo:

—¿Puedo probar si a mí me calza?

Sus hermanas se pusieron a reír y a burlarse de ella. El gentilhombre que probaba la zapatilla, tras mirar atentamente a Cenicienta y encontrarla muy linda, dijo que era lo justo, y que él tenía orden de probarla a todas las jóvenes. Hizo sentar a Cenicienta y acercando la zapatilla a su piececito, vio que encajaba sin esfuerzo y que estaba hecha a su medida.

Grande fue el asombro de las dos hermanas, pero más grande aún cuando Cenicienta sacó de su bolsillo la otra zapatilla y se la puso. En esto llegó la madrina, que tocó con su varita los vestidos de Cenicienta y los volvió más deslumbrantes todavía que los anteriores.

Entonces las dos hermanas la reconocieron como la persona que habían visto en el baile.

Se arrojaron a sus pies para pedirle perdón por todos los malos tratos que le habían infligido. Cenicienta las hizo levantarse y les dijo, abrazándolas, que las perdonaba de todo corazón y les rogó que siempre la quisieran.

Fue conducida ante el joven Príncipe, vestida como estaba. Él la encontró más bella que nunca, y pocos días después se casaron. Cenicienta, que era tan buena como hermosa, hizo llevar a sus hermanas a morar en el palacio y las casó con dos grandes señores de la corte.

17

Francia

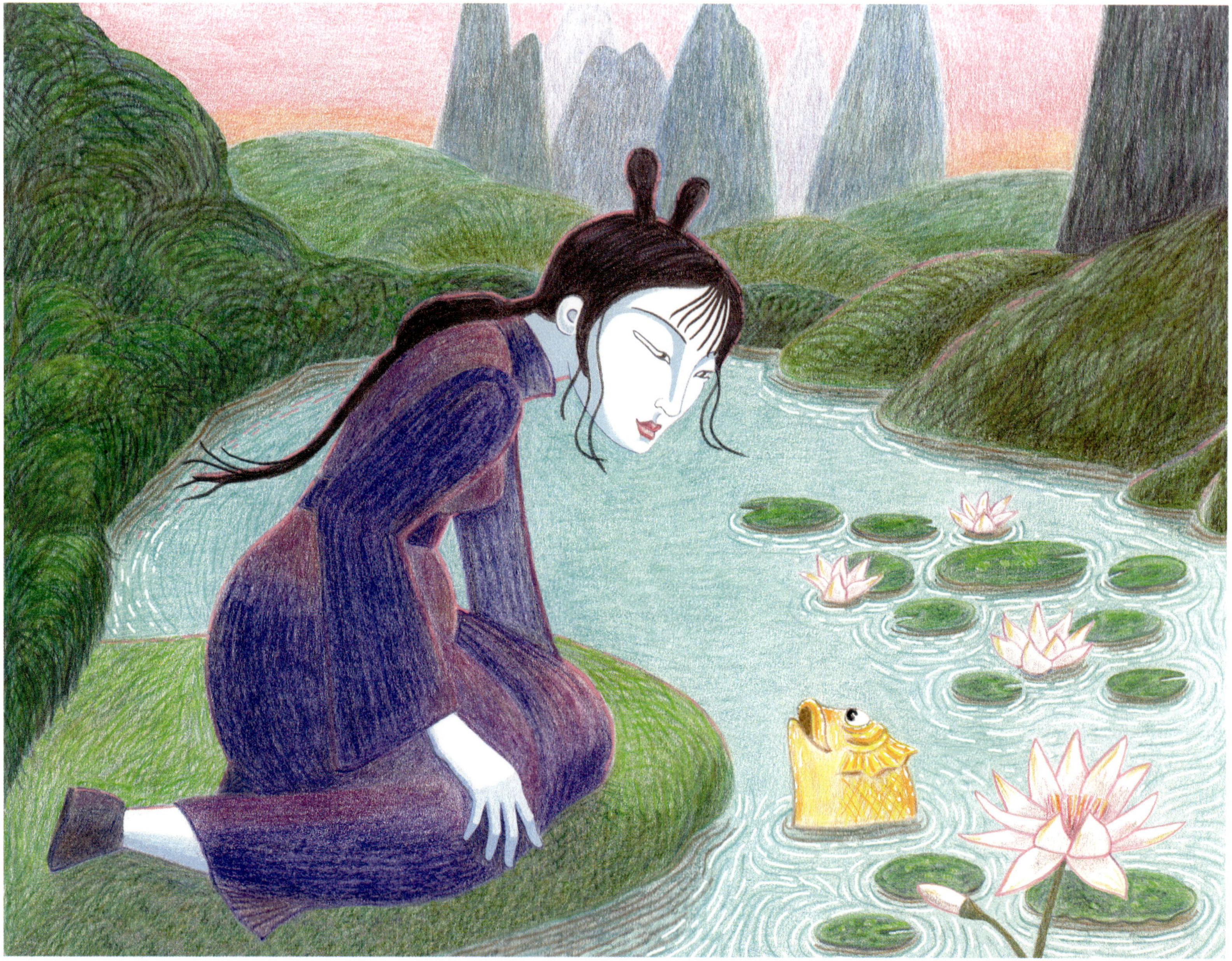

Pies de Loto

China

Versión de Duan Chengsi

(adaptación de Antonio Rodríguez Almodóvar)

Hace mucho tiempo, en las cuevas de unas montañas de China, vivía una tribu cuyo jefe se llamaba Wu. Según se lo permitían las costumbres de aquella época, Wu tenía dos esposas. Cada una de ellas le había dado una hija. Una era muy bella e inteligente, y la otra ni una cosa ni otra. Un día falleció la madre de la primera, y su hija quedó al cuidado de la otra esposa. Esta pronto empezó a maltratar a su hijastra, obligándola a realizar todas las tareas de la casa y otros trabajos muy penosos. Para hacerla sufrir más, la obligaba también a llevar unos zapatos muy pequeños, siempre los mismos, por lo que sus pies dejaron de crecer. Eran tan pequeños como la flor de loto, y por eso la llamaban Yen Hsien, que significa eso, Pies de Loto.

Un día Yen Hsien estaba sacando agua de un lago que había entre las montañas cuando salió a la superficie un pez muy hermoso, con escamas de oro, que se puso a hablar con ella, muy tranquilo. El pez le preguntó qué le pasaba y Pies de Loto se lo contó. Desde aquel día, se hicieron muy amigos, y siempre que ella estaba cansada y apenada, acudía al estanque a charlar con el pez de oro. La muchacha no sabía que en aquel animal se había encarnado el espíritu de su madre.

La madrastra, que vigilaba a Pies de Loto, descubrió aquella amistad. Un día se puso la ropa de su hijastra y fue al lago. En cuanto el pez salió a la superficie, lo atrapó con una red, lo mató y lo puso de cena en la mesa. Pies de Loto lo reconoció enseguida y se sintió horrorizada. Se levantó, salió corriendo de la gruta, y en un lugar apartado se puso a llorar inconteniblemente. Mientras Pies de Loto lloraba, pasó por allí una peregrina, que se acercó a preguntarle qué le pasaba. Pies de Loto le contó su historia y la peregrina le dijo que buscara las espinas del pez y las enterrara en un sitio secreto, del que solo ella supiera. Cada vez que necesitara algo, podría pedírselo a las espinas enterradas y los espíritus se lo concederían.

Cuando llegó el día de primavera en que se celebra el año nuevo chino, los jóvenes del pueblo, como siempre, dieron una fiesta para buscar novia. La hermanastra de Pies de Loto, acompañada de su madre, acudió elegantemente vestida. Todas las muchachas del pueblo fueron a la fiesta, todas, menos Pies de Loto que no tenía qué ponerse. Sin resignarse a su desgracia, Pies de Loto fue a pedirles ayuda a las espinas del pez. Enseguida su cuerpo se cubrió con un traje de seda verde, joyas y, lo más sorprendente de todo, unos zapatitos de láminas de oro que se ajustaban de modo perfecto a sus pequeños pies.

Cuando la madrastra y la medio hermana la vieron llegar a la fiesta, se enfadaron mucho y la amenazaron para que se marchara. Pies de Loto salió corriendo y, sin darse cuenta, perdió por el camino uno de los zapatitos de oro.

Pasó por allí un mercader, que vio el zapato y se lo guardó. Cuando llegó a la ciudad, se lo vendió a un señor por mucho dinero, y este a otro, y así fue pasando de mano en mano, hasta que llegó al poder del emperador. Nada más verlo, el emperador mandó buscar a la mujer que tuviera aquel precioso pie. Por todas partes fueron sus servidores probando aquel calzado a las muchachas del reino, incluidas las que vivían en las grutas de las montañas. Allí se lo probó la hija de la madrastra, pero le sobraba pie por todos lados. Entonces

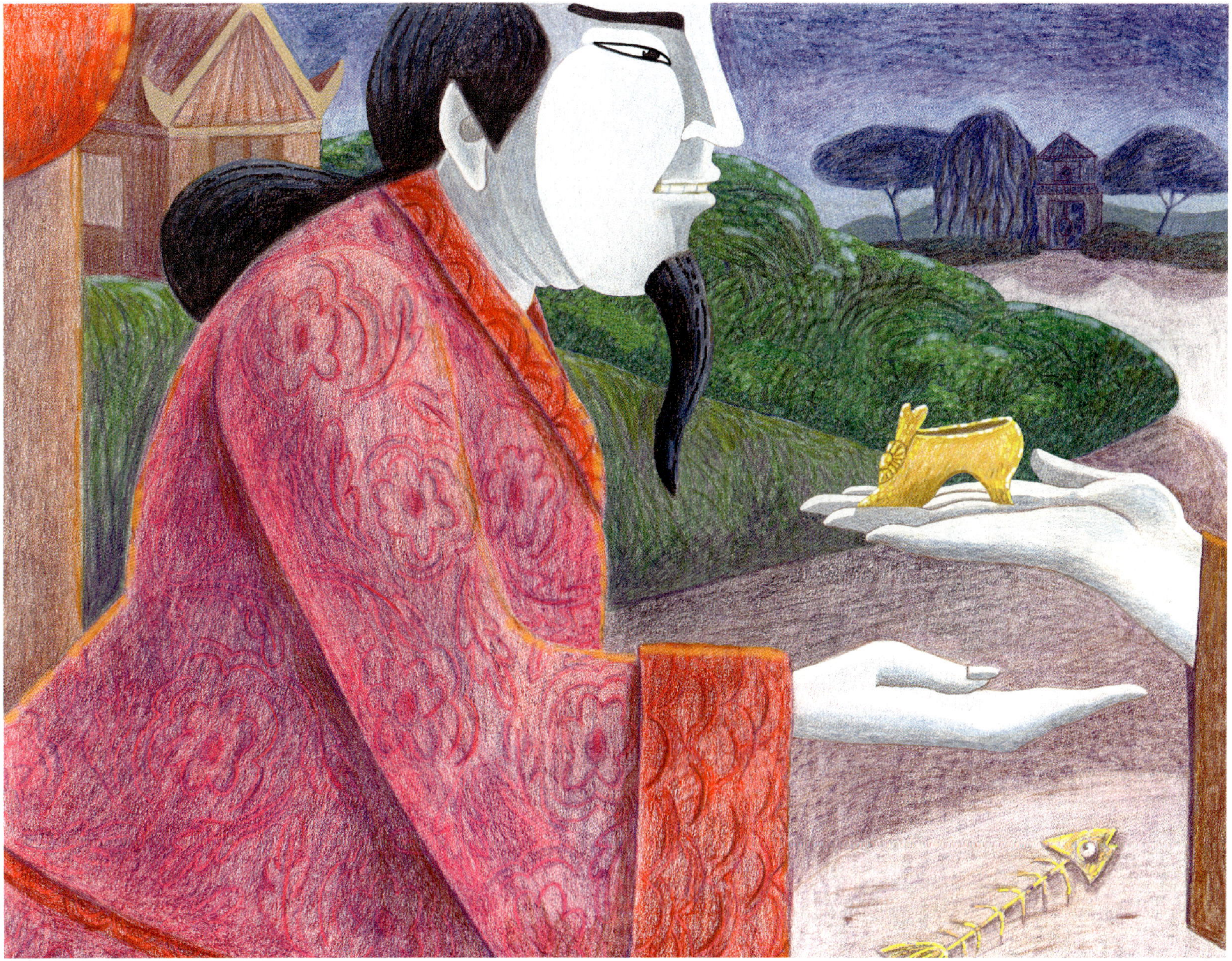

apareció Pies de Loto, con su traje de seda verde y su otro zapatito puesto.

En cuanto la conoció, el emperador se enamoró y se casó con ella. Ese mismo día, los espíritus mandaron una lluvia de piedras sobre la madrastra y la hija, que quedaron sepultadas para siempre.

Andando el tiempo, el emperador quiso conocer la historia de Pies de Loto. Ella se la contó, pero al llegar a la parte de las espinas del pez de oro, dudó, recordando que la peregrina le había dicho que solo ella debía conocer el sitio donde estaban enterradas. Entonces, el emperador le insistió y, como era su esposo, Pies de Loto acabó confiándole dónde estaba el lugar.

El emperador mandó desenterrar las espinas y enterrarlas en otro sitio, donde solo él lo supiera, para cuando le hiciera falta pedir el favor de los espíritus. No tuvo bastante precaución, sin embargo, pues el lugar elegido estaba cerca del mar, y un día de fuerte oleaje, el mar se las llevó. Cuando su produjo una gran sublevación del pueblo contra él, las espinas ya no estaban.

23

China

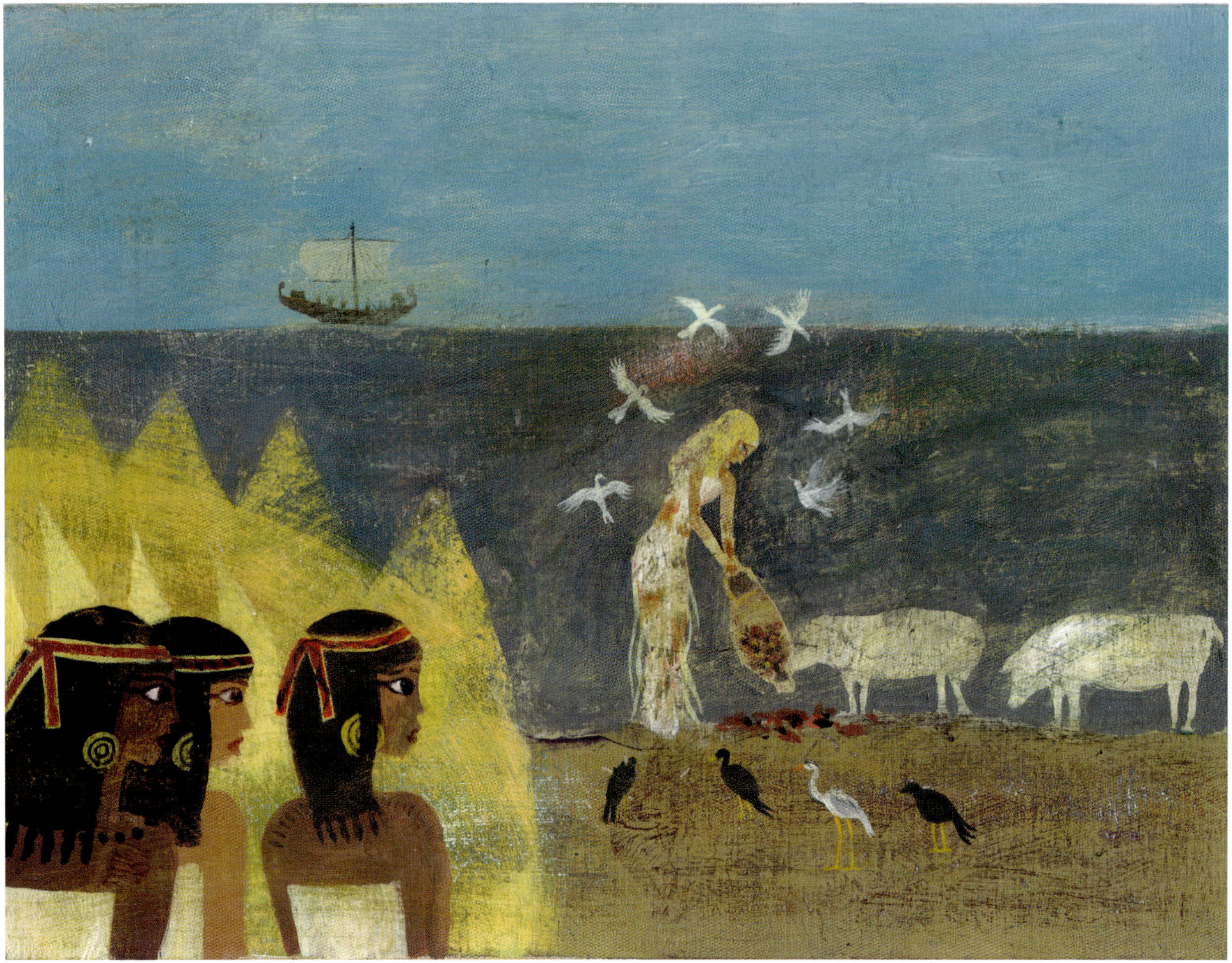

La sandalia y el halcón
Egipto
Safo

(adaptación de Antonio Rodríguez Almodóvar)

Desde muy antiguo, se cuenta en Egipto la historia de una bellísima dama de origen griego, llamada Rodopis. Su cabello era rubio, sus mejillas sonrosadas y sus pies, menudos pies de bailarina.

En su época, un faraón llamado Psamético I reinaba en Egipto. Tenía un gran poder pero no era feliz porque aun ninguna mujer había logrado conquistar su corazón.

Psamético I era un gran general. Había unido el imperio y había llamado a agricultores y artistas griegos para que engrandecieran su reino. Pero entre los griegos que fueron llegando, se colaron algunos piratas, que trajeron mercancías prohibidas.

Entre estas, llegó a Egipto una joven rubia, casi una niña. Los piratas la habían raptado en Grecia y la vendieron a uno de los cortesanos del faraón. Ella era, ya lo habréis adivinado, Rodopis.

Rodopis había sido educada en el canto, la cítara y la danza. Su gracia y su belleza suscitaron la envidia de las demás cortesanas que pronto la obligaron a realizar las tareas más duras. Rodopis fue enviada a limpiar los establos, y dar de comer a los cerdos, chapoteando en el inmundo lodazal con sus delicados pies; y debía lavar la ropa de todas ellas en el río Nilo. De este modo, las demás cortesanas consiguieron que pasara desapercibida. De tanto trabajar, llevar y traer, a Rodopis se le iba apagando la belleza. La pobre túnica que llevaba, hecha jirones, no lograba cubrir los estragos de la suciedad. Ella lloraba desconsoladamente, pero nada podía hacer, salvo bailar y cantar

26

Egipto

27

Egipto

José Sanabria

a solas, cuando nadie la veía; de modo que su voz y sus pies no olvidaran lo que habían aprendido en su país de origen.

Sin embargo, los animales a los que cuidaba, los pájaros y las tórtolas del cielo, la veían y oían. Bastaba que Rodopis empezara a cantar, para que todas las aves callaran para escucharla. Las tórtolas, que en Egipto son aves consagradas al dios con forma de halcón, Horus, paraban su vuelo y se posaban a su alrededor. Ella les hablaba entonces, como si pudieran entenderla, y así se consolaba.

Un día, cuando ya estaba más crecida, Rodopis aprovechó un descuido de sus enemigas y se metió en el agua del Nilo para bañarse. Mientras saboreaba la frescura de las aguas y sus cabellos recuperaban el brillo dorado, vio venir por el cielo un halcón. Su vuelo majestuoso de pronto se convirtió en rápido viraje hacia la tierra. Sin que Rodopis pudiera evitarlo, el ave, planeando sobre la orilla, tomó con su pico una de sus sandalias. Alzó de nuevo el vuelo y se alejó por los aires, sin soltarla. Rodopis la contempló impotente y volvió, muy preocupada, a su choza. A partir de entonces tendría que caminar descalza. Sus enemigas estarían aún más felices viéndola andar como una pobre criada.

Pero ocurrió que el halcón siguió volando, hasta otra parte de las orillas del Nilo, donde precisamente se estaba bañando el faraón. Uno de los sacerdotes del templo vio venir al ave divina, trayendo algo en su pico y advirtió a su señor de la inesperada visita del mensajero de Horus. Ya se disponían a adorarle, arrodillándose e inclinando la cabeza, cuando el faraón vio caer una menuda sandalia femenina, al alcance de su mano. La tomó, al tiempo que observaba cómo el halcón se alejaba por el cielo, hasta perderse.

Seguro de lo que el dios le había ordenado con aquel presente, mandó buscar por todo su reino a la que fuese dueña de aquella sandalia. Envió emisarios a recorrer las orillas del Nilo, convocando a cuanta doncella, cortesana o esclava viviese en los alrededores. Todas se apretujaban para probarse la sandalia del halcón, pero a ninguna le quedaba bien. Las enemigas de Rodopis también se la probaron, pero a todas les estuvo pequeña.

Ya los emisarios del faraón se disponían a regresar a palacio con las manos vacías, cuando preguntaron:

—¿Nadie más vive por aquí?

—Nadie, nadie —respondieron las cortesanas.

Pero en ese momento, los buscadores vieron un bando de tórtolas que volaba insistentemente alrededor de la choza de Rodopis. Se dirigieron allá y descubrieron que había otra muchacha, de raro y sucio aspecto, sollozando. Así y todo, le probaron la sandalia y, cuál no sería su sorpresa, al ver que se acomodaba perfectamente a su delicado pie. La asearon, la vistieron adecuadamente y la presentaron, rubia resplandeciente y con las mejillas sonrosadas, ante el faraón. Nada más verla, el faraón quedó prendado de ella. Enseguida la hizo su esposa y vivieron felices durante muchos años. Y a las cortesanas envidiosas las desterraron al País de Nubia, del que nunca más volvieron.

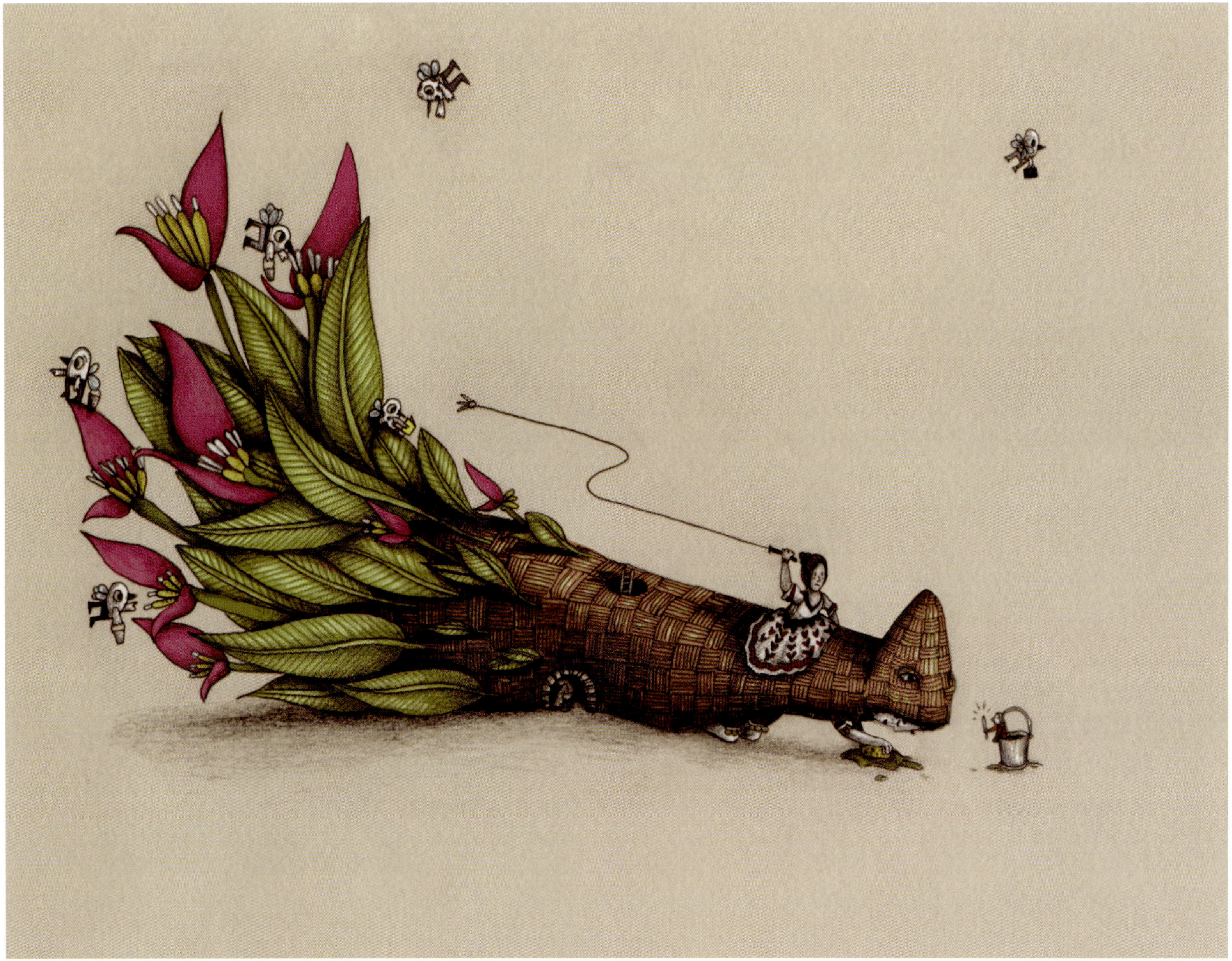

Bicho Canasto

Brasil

Câmara Cascudo

(adaptación de Katia Canton)

Había una vez un hombre muy rico que tenía una hija muy linda llamada María. La madre de María murió, y el padre volvió a casarse.

Pero la nueva esposa, no bien puso un pie en la casa, detestó a la pobre María. Y cuando ella también tuvo una hija, su antipatía por María se le volvió odio. Porque la recién nacida era fea, y parecía más fea aún comparada con la belleza de María.

El padre de María tenía que atender campos y negocios por toda la comarca, y viajaba casi todo el tiempo. Los pocos días en los que se quedaba en casa, la madrastra trataba a María razonablemente bien. Pero en cuanto el padre volvía a partir, la madrastra la obligaba a hacer a los trabajos más pesados y humillantes. Solo le daba de comer las sobras; y en cantidades tan pequeñas que María apenas si podía tenerse en pie.

Fue así como la vida se hizo insoportable para la pobre María, que solo se consolaba rezando y llorando. Pero sucedió que por el camino del río en donde lavaba la ropa, María empezó a cruzarse con una viejita de cara dulce y expresión de gran bondad. La viejita era tan comprensiva que María terminó por contarle los sufrimientos que no se animaba a contar a su padre, por miedo a lastimarlo. Ella la escuchaba y la animaba con palabras llenas de dulzura.

Un día, como la madrastra se volvió demasiado violenta, María resolvió abandonar su casa para siempre y buscarse trabajo lejos de allí. La viejita le dio su bendición, la aconsejó largamente y cuando ya estaban despidiéndose, sacó de su morral una varita pequeña y relumbrante como la plata.

—Toma esta varita, María. Y cuando estés en peligro, deseo o sufrimiento, solo tienes que decir:

Varita, varita,
tu hija te necesita.
Por el poder que Dios te dio,
dame…

María le dio las gracias de corazón. Pero antes de despedirse, siguiendo otro de sus consejos, se tejió una gran capa de paja con una capucha, para que si la madrastra llegaba a cruzársela, no la reconociera.

Así, embozada en su capa de paja, María caminó y caminó hasta llegar a una ciudad muy grande. A lo lejos, por encima de todos los tejados, divisó las torres de un palacio y marchó a pedir trabajo en él. Un mayordomo muy serio salió a la puerta y le dijo que no había lugar.

Y ella ya iba saliendo, triste y hambrienta, cuando aquel hombre se acordó de que precisaban alguien que lavase el piso de salas, corredores y escaleras, y limpiase los cuartos de la servidumbre.

María aceptó emocionada y ese mismo día empezó a trabajar. Sus compañeros, al verla trajinar con aquella capa de paja, empezaron a llamarla Bicho Canasto. Sucia, silenciosa, retirada por los rincones, trabajando siempre, Bicho Canasto no molestaba a nadie y nadie la molestaba.

El palacio era de un Príncipe joven y gentil, que adoraba a su madre, la Reina, y estaba ya en edad elegir una esposa.

Y he aquí que se acercaban las fechas de unas grandes fiestas en la corte, que duraban tres días.

Las muchachas de sociedad estaban alborotadas con la perspectiva de los bailes, a los que irían todos los muchachos que buscaban novia. En toda la ciudad no se hablaba de otra cosa. Amas, doncellas y criadas deliraban imaginando cada detalle de aquellas tres noches elegantes.

Y llegó la primera noche.

Por los agujeritos de su capucha de paja, Bicho Canasto había visto muchas veces al Príncipe y se había prendado sinceramente de él. Con mucho disimulo solía pasar cerca del Príncipe, rogando en secreto que le diera una orden. Y ese día, al no encontrar otra sirvienta cerca, el Príncipe gritó:

—¡Bicho Canasto! Tráeme una palangana con agua.

Bicho Canasto, solícita, llevó al Príncipe una palangana con agua y le lavó la cara. Y después todos se fueron al baile, unos para bailar y otros para ver. Sola en su cuartucho oscuro, Bicho Canasto se sacó su capa de paja, tomó la varita mágica y dijo, como la viejita le había enseñado:

Varita, varita,
tu hija te necesita.
Por el poder que Dios te dio,
dame…

Y entonces pensó y pidió:

—¡Una carroza de plata y un vestido del color del campo, con todas sus flores!

Y ahí, delante de ella, aparecieron una magnífica carroza de plata, con su cochero y su lacayo para abrirle la puerta… y un vestido como el campo en primavera. Bicho Canasto se vistió, subió a la carroza y fue al baile, donde su sola entrada causó sensación. El Príncipe vino inmediatamente a saludarla. Y en toda la noche solo bailó con ella, sin permitir que otros jóvenes se le acercasen. Muy cerca de la medianoche le confesó que estaba impresionado y la preguntó dónde vivía, a lo que Bicho Canasto le respondió:

—Vivo en la Calle de las Palanganas…

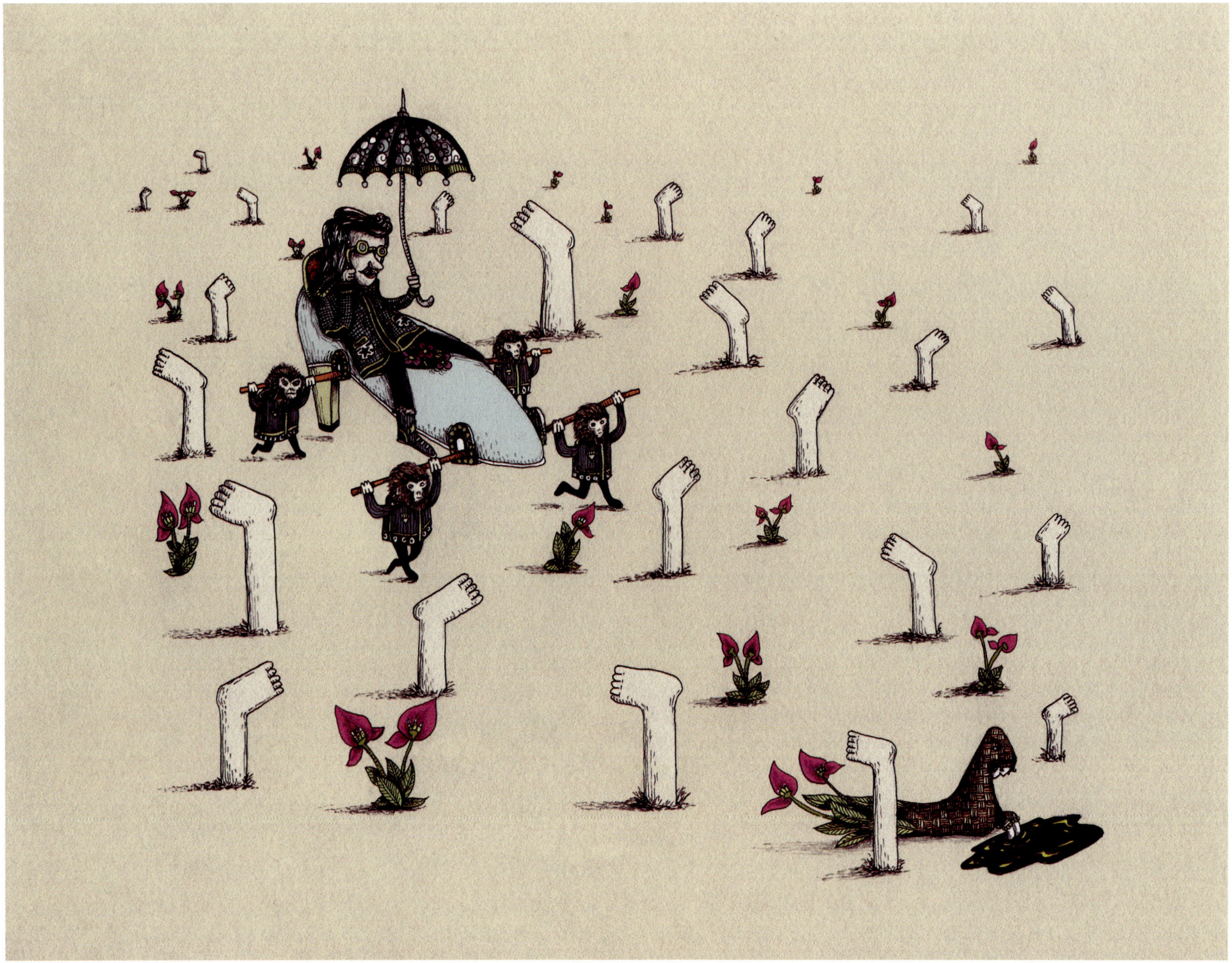

El Príncipe no hubiera querido separarse de ella por nada del mundo. Pero poco antes de que dieran las doce, la muchacha dijo que necesitaba tomar un poco de aire, salió del gran salón y subió a su carroza y desapareció calle abajo. El Príncipe, desconsolado, también se fue de la fiesta.

Al día siguiente, en Palacio, las criadas contaban a Bicho Canasto las peripecias del baile. Le hablaban de aquella princesa misteriosa, la más bella de la noche, que llevaba el vestido más hermoso del mundo, que había enamorado al Príncipe y desaparecido como por arte de magia. El Príncipe ya había enviado a sus criados a buscar aquella misteriosa Calle de las Palanganas, de la que nadie había oído hablar, y todos regresaban sin saber dónde quedaba.

La tarde del segundo día, el Príncipe ordenó a Bicho Canasto:

—¡Tráeme una toalla!

Y cuando todos partieron a la fiesta, ella tomó su varita y recitó:

Varita, varita,
tu hija te necesita.
Por el poder que Dios te dio,
dame…

Y entonces pensó y pidió:

—¡Una carroza de oro con cochero y lacayo, y un vestido del color del mar, con todos sus peces!

Su deseo le fue concedido. Y Bicho Canasto se vistió muy rápido y volvió al Palacio en carroza. Tan pronto como entró en el baile, los demás invitados la reconocieron y la aclamaron como la muchacha más elegante, graciosa y encantadora de la noche. El Príncipe vino a recibirla y ya no se apartó a ella. Le daba conversación, la invitaba a bailar, le hacía mil preguntas. Sobre todo, otra vez, quién era en realidad y dónde vivía.

—Ah, me mudé hoy —dijo Bicho Canasto—. Ya no vivo en la Calle de las Palanganas. Ahora vivo en el Callejón de las Toallas. Después pasó todo como la primera noche. Bicho Canasto inventó cualquier excusa y salió del salón y se metió en su carroza y ordenó al cochero que partieran rápidamente de allí. El Príncipe salió tras ella pero no consiguió alcanzarla, y se pasó otro día suspirando y mandando a buscar, por toda la ciudad, aquel ignoto Callejón de las Toallas. Por la mañana del tercer día, Bicho Canasto escuchó los relatos exaltados de las muchachas de la cocina. Todas hablaban de la pasión del Príncipe, y de la increíble belleza de la muchacha misteriosa —que primero lo enamoraba y después partía. Por la tarde, el Príncipe pidió a Bicho Canasto un peine. Ella se lo dio. Y cuando se quedó sola en el palacio, Bicho Canasto invocó el poder de la varita mágica:

Varita, varita.
tu hija te necesita.
Por el poder que Dios te dio,
dame...

Y entonces pensó y pidió:
—¡Un carruaje de diamantes y un vestido del color del cielo con todas sus estrellas!
Aquella tercera noche, al entrar en el salón de baile, Bicho Canasto recibió una ovación digna de una reina.
Nadie había visto nunca muchacha tan atrayente ni vestidos tan extraños y deslumbrantes. El Príncipe la seguía como una sombra, sirviéndola, mirándola apasionadamente, haciéndole miles de preguntas mientras bailaban. ¿Quién era ella realmente? ¿Por qué se escapaba? ¿Por qué se mudaba de casa todos los días?
Bicho Canasto tuvo que decirle que se había mudado definitivamente a la Avenida de los Peines. Y después bailaron mucho.

Cerca de la medianoche, sabiendo que a esa hora la muchacha desaparecería como por encanto, el Príncipe llamó a sus criados y mandó cavar un foso frente al portal del Palacio, para que la carroza de oro no pudiera pasar ni la muchacha, escapársele. Pero de nada sirvió. Poco antes que sonaran las campanas, Bicho Canasto corrió a la carroza y ordenó al cochero que saliera disparando como un rayo. El cochero le obedeció y logró saltar el foso. Pero al llegar al otro lado, el barquinazo fue tan fuerte que un zapato de Bicho Canasto salió por la portezuela y se perdió. Un criado lo encontró y se lo llevó al Príncipe, que lo tomó entre sus manos, emocionado.

Al día siguiente, como ya era costumbre, los criados buscaron en vano aquella Avenida de los Peines. Pero entonces, mientras acariciaba aquel zapato del color del sol, el Príncipe tuvo una idea. Mandó llevarlo a todas las casas y probárselo a todas las muchachas de la comarca. Aquella a quien le calzara de forma más perfecta, sería la encantadora princesa que había conocido en los bailes. Los criados recorrieron la ciudad de sur a norte y de este a oeste, calzando el zapatito en los pies de todas las muchachas. Ninguna conseguía dar un solo paso con ese zapatito en el pie, de tan delicado y perfecto como era. Los criados volvieron al palacio y el Príncipe, desconsolado, resolvió probar el zapatito a las damas y criadas. Nada otra vez.

Hasta que una viejita que pasaba por allí recordó que Bicho Canasto no había sido invitada a pasar aquella prueba. Los criados rieron. ¿Cómo iba a ser Bicho Canasto aquella princesa hermosa? Pero por fin, para que el Príncipe no los acusase de haber dejado a nadie fuera, mandaron a buscar a la más mísera de las criadas.

Tan pronto escuchó los golpes en la puerta de su cuartucho, María tomó la varita mágica, recitó su conjuro y pidió de nuevo el vestido de la tercera noche de la fiesta. Después volvió a cubrirse con su feo disfraz de paja.

El Príncipe, ya casi sin esperanzas, vino a presenciar la prueba.

Y Bicho Canasto, rodeada por toda la servidumbre, que reía por lo bajo, metió el pie en aquel zapatito que ¡oh! le calzó perfectamente. Después adelantó el otro pie… mostrando que en él llevaba ¡un zapatito igual al que había perdido!

El Príncipe y todos sus súbditos apenas si habían logrado entender lo que veían, cuando Bicho Canasto dejó caer la capa de paja, y apareció la muchacha más hermosa de aquellos tres grandes bailes, con su vestido color del cielo y todas las estrellas estampadas en él.

El corazón del Príncipe se disparó como un cometa.

Estrechó a María entre sus brazos, y mandó llamar a su madre, la Reina, para que conociese a la próxima princesa consorte. Se casaron esa misma noche. Y la varita mágica, cumplida la voluntad de la viejita, que era la Santísima Virgen, madre de Nuestro Señor, desapareció, dejándolos a todos muy felices en la tierra.

39

Brasil

Océano Ártico

América del Norte

1. Francia

Océano Atlántico

África

América Central

4. Brasil

Océano Pacífico

América del Sur

Océano Antártico

Asia

Europa

2. China

3. Egipto

Océano Índico

Océano Pacífico

Oceanía

Países donde se originaron los cuentos de este libro

1. La Cenicienta
2. Pies de Loto
3. La sandalia y el halcón
4. Bicho Canasto

Claudia Legnazzi

*L*os cuentos de este libro se originaron en Europa, Asia, África y América. ¿Será que el mismo cuento viajó de país en país y fue cambiando en cada tierra? ¿O en tierras distantes, distintas personas inventaron relatos semejantes? En cada región la gente fue contándolos con los personajes, animales, plantas, costumbres y cielos que ellos conocían.

Referencias
1. **La Cenicienta**
2. **Pies de Loto**
3. **La sandalia y el halcón**
4. **Bicho Canasto**

Campanilla Zapatito de cristal Zorro **1. Francia**

44

Cuentos del globo

Asia

2. China

Carpa

Zapatito de oro

Flor de loto

45

Cuentos del globo

Papiro

Elefante

Sandalia

3. *Egipto*

África

46

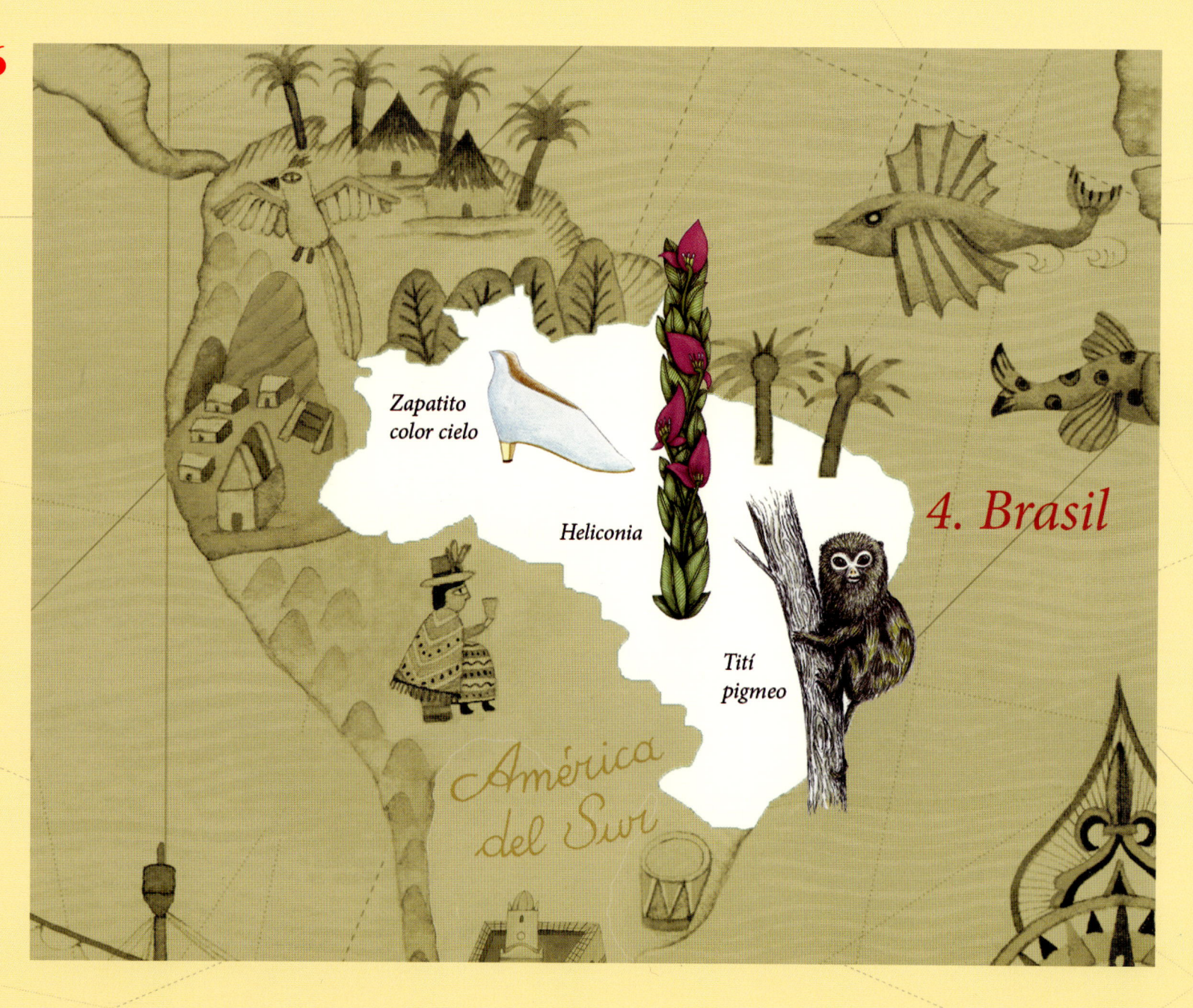

Cuentos del globo

Zapatito color cielo

Heliconia

Tití pigmeo

América del Sur

4. Brasil

Los zapatitos de estos cuentos

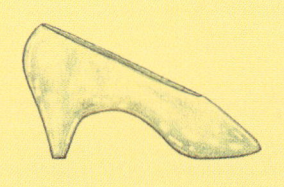

El zapatito de cristal
El hada de Cenicienta transforma cada noche sus harapos en los vestidos más bellos y calza en sus pies zapatitos de cristal. ¿No resulta raro el cristal como material de un zapato? Según las explicaciones de algunos especialistas, esta particularidad se debe a un error del escritor Charles Perrault. Dicen, que al oír la versión oral, en vez de entender la palabra *vair* (pelo de marta o ardilla), oyó *verre* (vidrio). Ambas palabras suenan parecido en francés. Otro detalle que resulta extraño en esta historia es que, pasada la medianoche, los vestidos de Cenicienta se convierten en harapos; sin embargo, el zapatito de cristal no se transforma.

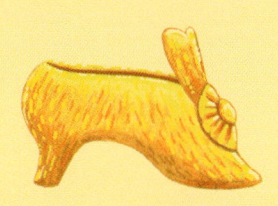

El zapatito de oro
Pies de Loto sufre a causa de la esposa de su padre, que la obliga a calzar siempre los mismos zapatos. Por ello, sus pies no crecen y el zapatito de oro que recibe del pez mágico es diminuto. De este modo, el cuento refiere a una costumbre que fue habitual durante siglos en China: vendar los pies de las niñas para impedir que sus pies crecieran de modo natural. Y todo porque se consideraba que tener pies muy, muy pequeños era un rasgo de belleza femenina. Esta tremenda costumbre solo se ha abandonado en tiempos recientes.

La sandalia
Rodopis es una doncella griega que llega a Egipto raptada por corsarios. Sabe cantar, bailar y tocar la cítara, conocimientos propios de jóvenes nobles. Y tiene sandalias, prenda que en aquella época también era signo de distinción. Era tal el cuidado que un habitante del Antiguo Egipto daba a sus sandalias que cuando iba de un lugar a otro se las quitaba y solo se calzaba al llegar al lugar de la actividad social. Un sirviente iba a su lado, portando las sandalias en la mano.

El zapatito del color del cielo
Gracias a la varita de virtud, Bicho Canasto consigue cada noche un bello vestido y un carruaje para asistir al baile. A diferencia de las heroínas de los demás relatos, ella vive en el mismo palacio que el príncipe. Escondida detrás de su fea capa, se prueba el zapatito perdido por la princesa misteriosa. Cuando los sirvientes ven que su pie calza perfectamente en el zapatito color de cielo, Bicho Canasto deja caer su capa y su triste nombre para siempre.

48 Los narradores de estos cuentos tradicionales

Charles Perrault

Nació en Francia en 1628, en la ciudad de París, y murió en 1703, en la misma ciudad. Fue un funcionario privilegiado de la corte del rey y escribió poemas serios, de alabanza al rey y tratados de arte. A los 35 años escribió los cuentos que había escuchado en la cocina de su casa cuando era niño, los que oía en la plaza y el mercado, narrados por hombres y mujeres que no sabían leer ni escribir. El libro se conoció como *Cuentos de mamá Oca* (porque en la tapa del libro había un hermoso dibujo de una gansa). Sus historias —"Caperucita Roja", "Cenicienta", "Las hadas", entre otras— aún perduran en la memoria de la gente. Y han pasado más de 300 años.

Duan Chengsi / Antonio Rodríguez Almodóvar

¿Cuándo se empezó a contar en China la historia de Pies de Loto? Las versiones orales de este cuento son tan antiguas que nadie puede responder a esta pregunta. Duan Chengsi fue un escritor chino que murió en el año 861 y escribió una larga obra con muy variados temas llamada *Yuyang Tsatu* o *Youyang Zazu*. En el capítulo 21, cuenta la historia de Pies de Loto. El escritor Antonio Rodríguez Almodóvar tomó en cuenta este texto y otros para la narración de este libro.

Safo / Antonio Rodríguez Almodóvar

Es imposible conocer las versiones orales de la historia de Rodopis, quien tal vez haya vivido en el Antiguo Egipto hace más de mil años. Sin embargo, este relato aparece mencionado en varios textos muy antiguos. Uno de ellos fue escrito por la poeta griega Safo, que vivió alrededor del año 600 antes de Cristo. Sus poemas de amor son tan bellos que aún hoy mucha gente los lee y los recita de memoria. Para esta versión, Rodríguez Almodóvar se basó también en los escritos de otros autores antiguos.

Câmara Cascudo / Katia Canton

Luís da Câmara Cascudo fue un historiador y folclorista brasileño que nació en Natal en 1898 y murió en 1986. Durante muchos años recogió cuentos tradicionales brasileños en todo Río Grande del Norte. También los organizó según sus orígenes en indígenas, afro-brasileros y europeos. "Bicho Canasto" le fue contado por su esposa Dhalia, a quien se lo contaba su abuela antes de dormir, durante su infancia.

Katia Canton es escritora e investigadora del cuento tradicional y escribió esta versión de "Bicho Canasto". Publicó, entre otros libros, *Brasil, Olhar de artista* y *Fabriqueta de ideias*.

Antonio Rodríguez Almodóvar

Antonio Rodríguez Almodóvar nació en Sevilla en 1941. Es uno de los principales especialistas en cuentos tradicionales de España. Como consecuencia de su incansable trabajo en la recuperación de los cuentos populares españoles, la prestigiosa escritora Ana María Matute lo llamó "El tercer hermano Grimm". Publicó muchos libros y recibió numerosos premios entre los que se destaca el Premio Nacional de Literatura Infantil y Juvenil 2005, por el volumen de cuentos *El bosque de los sueños*.

Cenicientas del mundo

Hay en el mundo alrededor de setecientas versiones de "Cenicienta", repartidas por los más variados países y narradas en distintos momentos de la Historia. ¡Setecientas!

Aunque presentan diferencias, en todas encontramos dos momentos comunes. El primero ocurre cuando una mujer joven y bella es maltratada, humillada y sometida a servidumbre por su madrastra u otras personas de rango superior. El segundo momento es la liberación de la joven protagonista y su casamiento con un príncipe. Pero hay algo más, un pequeño detalle que extrañamente aparece en todas las versiones: un zapatito perdido es el elemento clave de la liberación.

¿El cuento ha viajado de una región a otra o cada región inventó su relato por separado, sin que hubiera un contacto entre unos y otros? Los cuentos tienen estructuras tan parecidas que cuesta creer que se hayan inventado por separado. Pero… tampoco se ha podido demostrar hasta el momento ningún vínculo migratorio entre Egipto y China, ningún "viaje" que pueda ser responsable de llevar esta historia de uno a otro reino. Así que, por ahora, la pregunta sigue abierta…

A veces no es fácil distinguir bien cómo es —o era— la versión de tal o cual lugar del mundo, pues a menudo hay más de una en cada sitio. Así ocurre, por ejemplo, en el ámbito hispánico, donde existen varias "Cenicientas", como hay varias "Blancanieves" (siempre con otros nombres). En España hallaremos títulos como "La Puerquecilla" o "La cochina Cenicienta".

En Hispanoamérica, entre otros se la llama "Cenizosa" en Puerto Rico, "María la Cenicienta" en Santo Domingo, "La cenicienta golosa" en Nuevo México, "María la Cenicienta" en Chile, "La Cenicienta" en la Argentina y "Bicho Canasto" en Brasil. Todas estas variantes proceden del tronco común ibérico, es decir, vienen de España o de Portugal. El rasgo común más acentuado de estas Cenicientas es la presencia de una simple viejecita en lugar de un hada. Ella otorga a la heroína una "varita de virtud" o "varinha de condâo", a la que puede pedirle los objetos mágicos que va necesitando en su camino. En la recreación de los trabajos a que es obligada la joven, cada país ha puesto algo distintivo. Por ejemplo, en la Argentina, una de esas humillantes tareas será la de limpiar las tripas de un cordero en la fuente o en el río, mientras que en España las tripas son de un cerdo.

En el caso del Egipto antiguo, el rasgo más característico es que ha desaparecido la madrastra. En su lugar aparecen mujeres envidiosas de la corte del faraón.

En la Cenicienta de China, a su vez, el elemento distintivo es la presencia de un pez, en lugar de un hada o de una viejecilla. El pez conversa con la joven, la orienta y quedará fuertemente unido a su destino feliz.

Por encima de valores anecdóticos, hay que mirar el valor simbólico de esta narración, que por alguna razón muy profunda se extendió por una amplísima zona del mapa. Lo importante es lo que esta heroína ha representado en todo el mundo, de una forma o de otra: Cenicienta personifica a la mujer que vive como una esclava, injustamente sometida, y su necesidad de ser libre, necesidad que comparten todas las mujeres del mundo.

Antonio Rodríguez Almodóvar

Fuentes de los cuentos

¨La cenicienta¨: Charles Perrault, *Les contes de Perrault*, Paris, Éditions Sacelep, 1980.

¨La sandalia y el halcón¨: Versión de Antonio Rodríguez Almodóvar que sigue de cerca las versiones del historiador Estrabón, de la poetisa Safo y de Claudio Eliano, un sofista griego que murió en el 235 d. C.

¨Pies de loto¨: Versión de Antonio Rodríguez Almodóvar que sigue de cerca distintos registros históricos y el original chino *Yuyang Tsatsu*, o *Youyang Zazu*, una miscelánea del siglo IX, realizada por Duan Chengsi.

¨Bicho canasto¨: Câmara Cascudo, Luís da. *Contos tradicionais do Brasil*. Belo Horizonte/São Paulo, Editora Itatiaia e EDUSP (Editora da Universidade de S. Paulo), 1986.

Agradecemos a quienes escriben *www.surlalunefairytales.com*, bella página que inspiró esta colección.